U0065849

備受敬愛的指導員

王牌發明家

狂熱的讀者

海軍領導者

打破規則的人

大膽的冒險家

麻煩製造者

不可思議的葛麗絲

作者簡介｜

羅莉・沃瑪克（Laurie Wallmark）

熱中於向年輕人介紹女科學家，是美國普林斯頓大學的生物化學學士、高得學院（Goddard College）的資訊系統碩士，佛蒙特藝術學院（Vermont College of Fine Arts）的兒童青少年文學創作碩士。首部作品《愛達・勒芙蕾絲和會思考的機器》（Ada Byron Lovelace and the Thinking Machine），是講述全世界第一位程式設計師的繪本傳記，這本書獲得英國亞馬遜四顆星好評以及許多獎項。現居美國紐澤西州的靈格司（Ringoes）。更多資訊請光臨她的網站 www.lauriewallmark.com

繪者簡介｜

吳菁蓁（Katy Wu）

畢業於美國帕沙第納藝術中心設計學院（ArtCenter College of Design）的插畫和娛樂藝術學系，客戶包括Google、萊卡娛樂、皮克斯、Cinderbiter動畫工作室，以及賽門舒斯特出版社（Simon & Schuster）。曾經參與像是動畫長片《第十四道門》（Coraline）這類出色的計畫，以及《月光光》（La Luna）和《瘋狂想曲》（Car Toons）等各種動畫短片，還設計電腦繪圖、2D動畫、定格動畫、線上遊戲、社群媒體平台的內容。這本書是她的第一本繪本，目前在紐約定居和工作。更多資訊請至網站關注她的動態 katycwwu.tumblr.com

知識繪本館

女力科學家3　程式語言女王
揪出電腦bug的葛麗絲・霍普

作者｜羅莉・沃瑪克（Laurie Wallmark）
繪者｜吳菁蓁（Katy Wu）　譯者｜徐仕美
責任編輯｜張玉蓉　美術設計｜陳宛昀　行銷企劃｜劉盈萱

天下雜誌群創辦人｜殷允芃　董事長兼執行長｜何琦瑜
媒體暨產品事業群
總經理｜游玉雪　副總經理｜林彥傑　總編輯｜林欣靜
行銷總監｜林育菁　版權主任｜何晨瑋、黃微真
出版者｜親子天下股份有限公司　地址｜104臺北市建國北路一段96號4樓
電話｜（02）2509-2800　傳真｜（02）2509-2462　網址｜www.parenting.com.tw
讀者服務專線｜（02）2662-0332　週一～週五：09:00-17:30
傳真｜（02）2662-6048　客服信箱｜parenting@cw.com.tw
法律顧問｜台英國際商務法律事務所・羅明通律師
製版印刷｜中原造像股份有限公司
總經銷｜大和圖書有限公司　電話｜（02）8990-2588

出版日期｜2021年3月第一版第一次印行
　　　　　2024年1月第一版第三次印行
定價｜320元　書號｜BKKKC171P　ISBN｜978-957-503-847-2（精裝）

訂購服務
親子天下Shopping｜shopping.parenting.com.tw
海外・大量訂購｜parenting@cw.com.tw
書香花園｜臺北市建國北路二段6巷11號　電話（02）2506-1635
劃撥帳號｜50331356　親子天下股份有限公司

國家圖書館出版品預行編目資料

女力科學家. 3：程式語言女王：揪出電腦bug的葛麗絲.霍普/羅莉.沃瑪克(Laurie Wallmark)文；吳菁蓁(Katy Wu)圖；徐仕美譯. -- 第一版. -- 臺北市：親子天下股份有限公司, 2021.03
48面；21.6x27.6公分. -- (知識繪本館)
注音版
譯自：Grace Hopper：queen of computer code
ISBN 978-957-503-847-2(精裝)

1.霍普(Hopper, Grace) 2.傳記 3.電腦科學 4.通俗作品

785.28　　110000628

Text Copyright © 2017 Laurie Wallmark
Illustration Copyright © 2017 Katy Wu
Originally published in 2017 in the United States by Sterling Publishing Co. Inc. under the title Grace Hopper: Queen of Computer Code.
This edition has been published by arrangement with Sterling Publishing Co., Inc., 1166 Avenue of the Americas, New York, NY, USA, 10036.

女力科學家

程式語言女王

揪出電腦bug的葛麗絲・霍普

GRACE HOPPER

文／蘿莉・沃瑪克　　圖／吳菁蓁　　譯／徐仕美

葛麗絲往後仰，打了個呵欠。為了編寫電腦程式，她又再次工作到深夜。

葛麗絲正在寫的電腦程式是用來導引海軍飛彈的，幾乎快要完成了，只剩下檢查的工作。葛麗絲一行一行查核程式碼，確保沒有任何錯誤。

終於完成時，葛麗絲放下鉛筆，眉頭皺了起來。程式的最後部分是一些執行數字相乘的編碼，看起來似曾相識，於是她回頭檢查前面的工作，發現自己寫過相同的編碼。類似的情形一而再、再而三發生。

葛麗絲哼了一聲。真是超級浪費時間！應該有更好的辦法才對。為什麼不讓電腦來做這種工作？電腦很擅長做枯燥無趣的事情。

她想出一個方法，把一小段程式像是她的乘法編碼儲存在機器裡頭。當葛麗絲需要在其他程式用到那些編碼，只要告訴電腦去哪裡找就好了。然後，電腦會把許多串編碼連接成一個完整的程式。

以前從來沒有人這麼做，葛麗絲是第一位。

其實在很小的時候，葛麗絲就喜歡拆解和拼湊一些小東西，也喜歡學習一些新的想法。她想了解東西是如何運作的，想讓它們變得更好。

葛麗絲七歲的時候，把鬧鐘從背面拆開來瞧瞧。她將手伸進去，然後……

一個彈簧彈了出來，後面還跟著幾個齒輪。有個齒輪滾過地板，跑到床底下。

葛麗絲把這些零件收拾在一起，嘗試組裝回去。但無論她怎麼東拼西湊，就是不能讓鬧鐘再度轉動。

她需要再找一個鬧鐘來研究，一個還在正常運轉的鬧鐘。

葛麗絲從一個房間衝到另一個房間，拆開一個又一個鬧鐘，把那些齒輪、彈簧、連桿、細針都胡搞瞎弄一番。她用盡各種方式拼拼湊湊，最後葛麗絲拆了七個鬧鐘，終於弄清楚鬧鐘滴答走的原理。

當媽媽發現家中各處散落著鬧鐘零件時，只能一笑置之。說到底，葛麗絲就只是在做自己而已。

搞懂鬧鐘如何轉動後，葛麗絲立刻轉向更大的挑戰。她根據複雜的藍圖，用石頭蓋了一間娃娃屋。但是屋裡沒有樓梯，娃娃要怎麼上樓呢？

如果你有個好主意，
而且你知道行得通，就放手去做吧！

這可難不倒葛麗絲這位小工程師。她打開玩具組裝工具箱，擺出自己需要的所有東西——螺栓、螺帽、金屬零件，以及電動小馬達。經過幾次的試驗，葛麗絲終於想通該怎麼做。現在，她的娃娃有升降梯可以上樓了。

葛麗絲很開心能學到困難的概念，而且越難越好。當學校的同學穿著蓬蓬裙，學著如何做個小淑女的時候，葛麗絲在學習數學和科學。她的臥室滿滿都是書籍和科學儀器。

她急著念完中學，提早兩年畢業。葛麗絲等不及要上大學了。

課程更多，學得更多，樂趣更多！

大學入學考試成績單寄來的那一天，葛麗絲的手在發抖。她撕開信封，得意洋洋的把成績大聲念給爸媽聽——她的數學和科學得到高分。

但念到拉丁文成績時，葛麗絲沉默了。

不及格！她的拉丁文不及格！

沒念好拉丁文，葛麗絲就不能上大學。沒上大學，葛麗絲就不能當數學家。沒有數學，葛麗絲就不是葛麗絲了。

葛麗絲揮別學校同學，他們離開她去上大學。沒有任何事情可以阻止她明年加入他們的行列。她揚起頭，回到書房。

葛麗絲用功讀書，終於征服拉丁文。年底，她通過了所有的考試。

葛麗絲打包行李，手上抱著數學書，出發前往一所女子學校「瓦薩學院」。她的同學當中，有人會修「夫妻相處之道」和「如何當個好媽媽」這類課程，但是葛麗絲沒有。她最喜愛的科目是數學和物理。

葛麗絲在大學中不只會讀書，只要發現刺激有趣的事情，她總是第一個排隊。她個人的座右銘是「勇敢行動」。有一次巡迴表演的特技飛行員來到鎮上，提供一般人搭乘飛機的機會時，葛麗絲二話不說就趕緊衝去報名。

她爬上飛行員後面的座位，戴好護目鏡。螺旋槳轟隆隆開始轉動，發出震耳欲聾的聲音。雙翼機呼嘯滑行過地面，然後起飛。

葛麗絲在空中一圈又一圈盤旋，笑得越來越開心。

因為葛麗絲努力又聰明，其他學生都很佩服她的才能，常常請她教功課。

有一天，她的同學進到房間，只看到一個浴缸，裡面的水已經滿到邊緣。葛麗絲請一位自願且衣衫整齊的人踏進浴缸。浴缸的水溢了出去，流到地板上。

這群學生爆出一陣大笑。

葛麗絲解釋這種現象是因為同學的身體具有體積，把相同體積的水擠了出來。

結果呢？一位溼答答、裹著浴巾的同學，讓所有人對這堂課畢生難忘。

葛麗絲繼續到耶魯大學念研究所，班上只有另一位同學是女生。但是，葛麗絲毫不在意。

葛麗絲想要分享自己對於數學的熱愛， 所以回到瓦薩學院教書。 她上的課總是實用又有趣。

雖然葛麗絲喜歡教學， 但是後來美國參加戰爭，需要最厲害的數學家來設計武器。 愛國的葛麗絲想要幫助自己的國家， 所以嘗試加入海軍。

這可成了問題。

我們必須栽培他們

那時葛麗絲36歲，體重是47.6公斤。根據當時海軍招募新兵的條件，葛麗絲年紀太大，而且以她的身高來說太瘦，不能入伍。

然而，葛麗絲可能很會說服別人。她花了超過一年的時間，終於讓海軍相信，她是他們需要的人才。

凡事都能講求真確

我的座右銘是：

當所有人都同意我的觀點時，
世界將會變得更好。

葛麗絲的數學技巧超強，因此被指派去為史上第一座人類建造出來的電腦——馬克一號（Mark I）編寫程式。在這之前，只有極少數的人寫過程式，所以她必須靠自己學習並搞定這一切。

夏季快結束的某一天，有一位同事衝進葛麗絲的辦公室說新的電腦——馬克二號（Mark II）當機了。

她倒抽一口氣！從來沒發生過這種狀況，她寫的程式不曾這樣。

葛麗絲本以為是惡作劇，因為她很愛跟同事開玩笑，或許是其他工程師在捉弄她。

可是他們沒有，真的是電腦故障了。

葛麗絲和她的團隊花了幾個鐘頭檢查程式碼，仍然沒有發現錯誤。就像是一直放在她辦公室的小精靈陶偶，忽然有了生命，鑽入機器裡搗蛋。

對！就是這樣！

問題可能不是出在程式，也許是在電腦裡頭。

葛麗絲跳了起來，快步通過走廊。巨大的電腦機房平常會不停傳出金屬開關喀嗒運轉和打孔紙帶咻咻捲動的聲音，但今天卻一片靜悄悄。

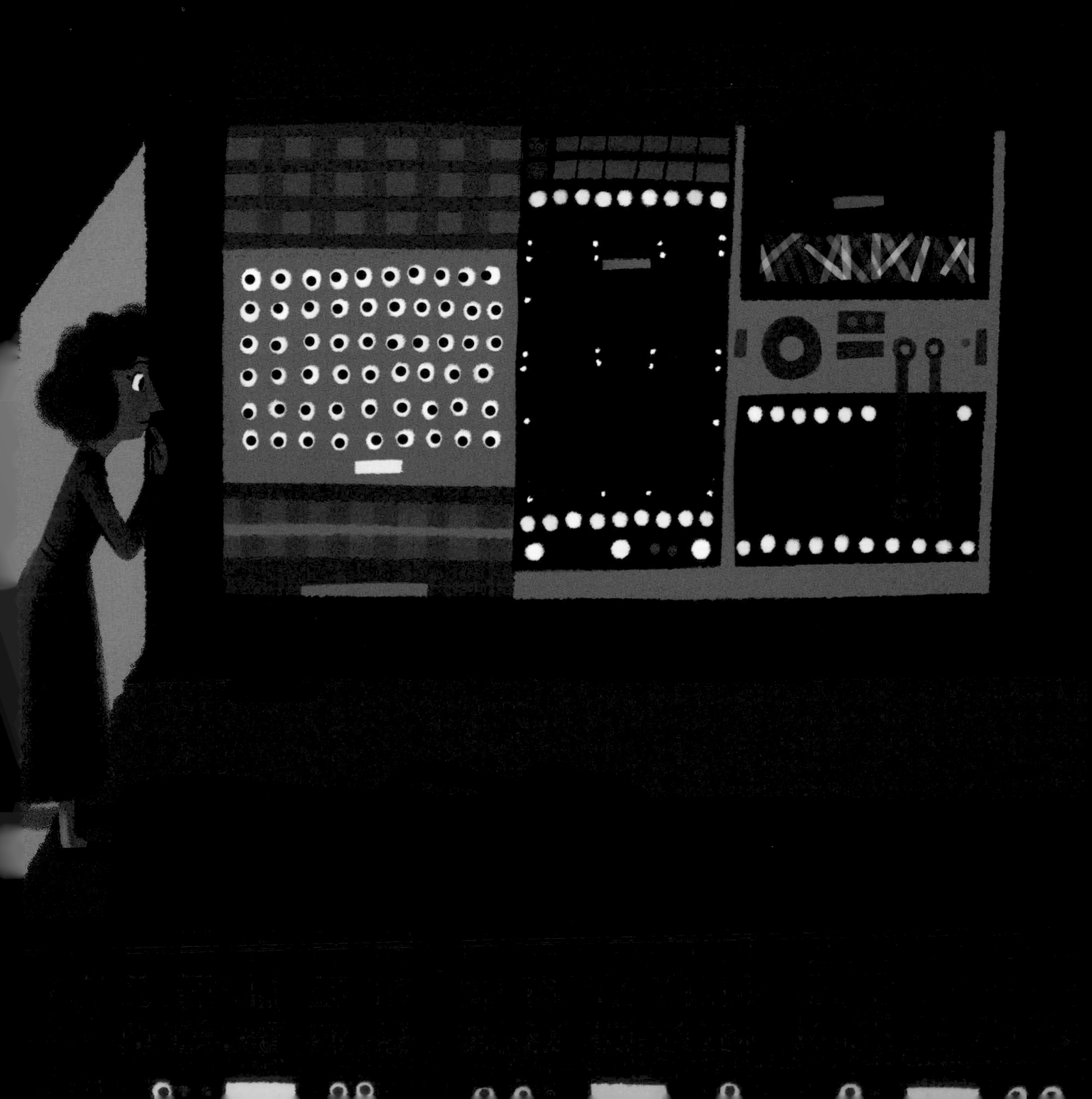

我有無盡的好奇心，
就是要解決問題。
每次解決了一個問題，
後面又跟著一個問題，
真的相當挑戰。

葛麗絲和夥伴們到處搜查，想找出問題出在哪裡。葛麗絲利用皮夾裡的小鏡子，檢查機器內部。她把鏡子的角度一下子調整成這樣，一下子調整成那樣。這群工程師無論怎麼看，都瞧不出哪裡出包。沒有鬆掉的線路，也沒有零星的火花，更沒有調皮的精靈。

工程師們束手無策，他們已經檢查過每個地方。到底是什麼因素造成問題？

接著，有個人看到，一隻蛾困在裡頭，卡住一個開關，使它無法正常運作。

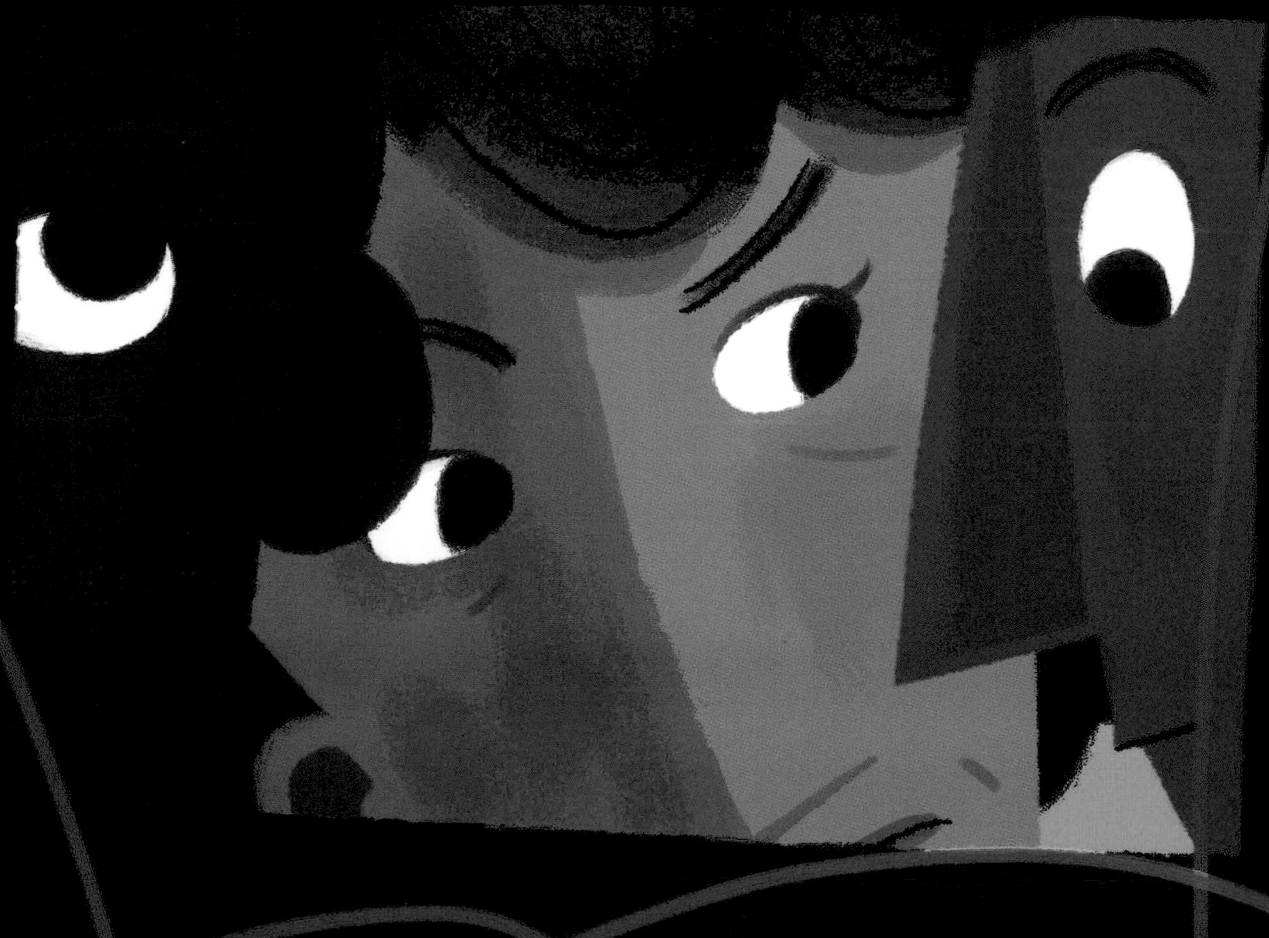

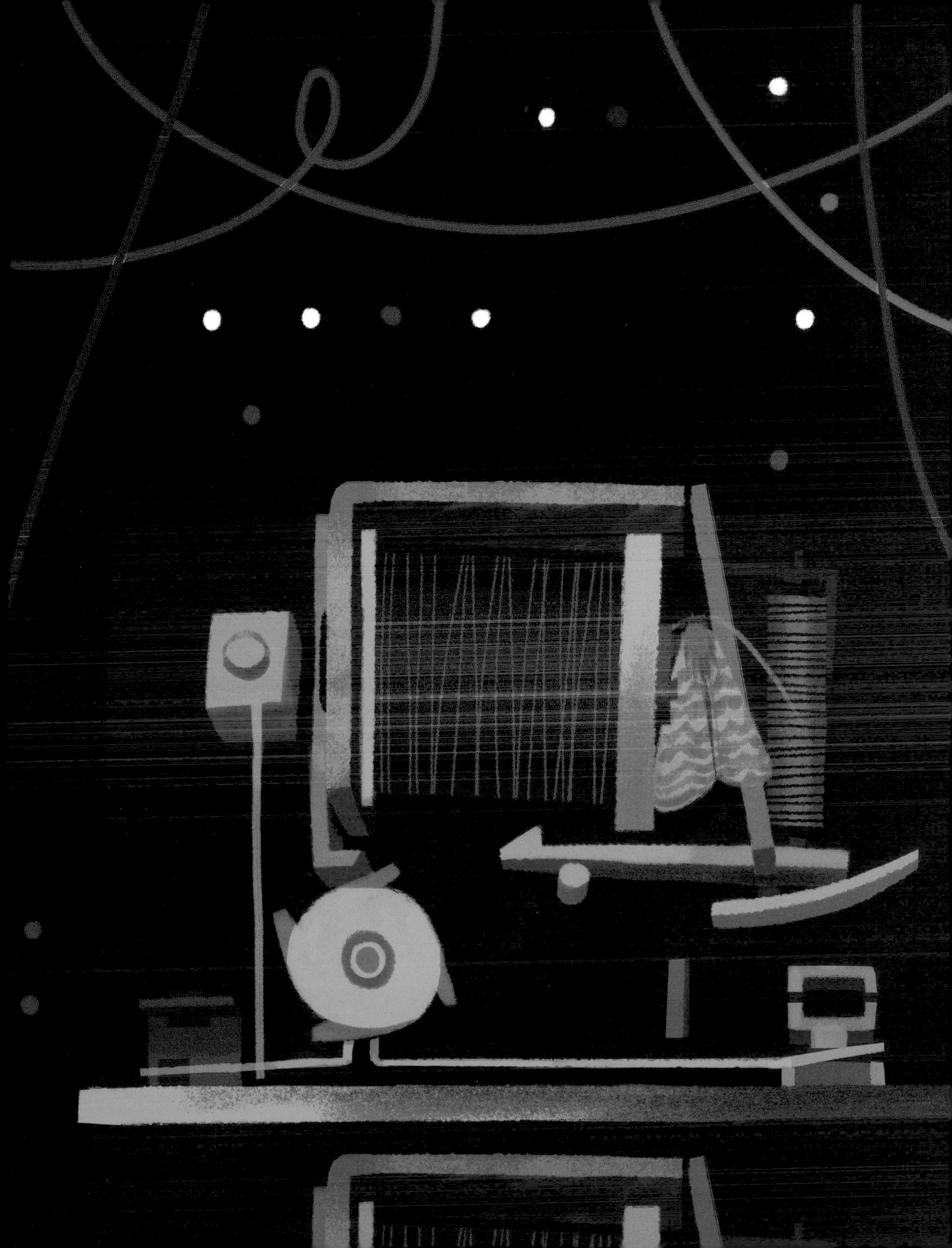

一位工程師向葛麗絲借了眉毛夾，把那隻死掉的蛾夾出來。接著電腦重新啟動，運作得非常順暢。

葛麗絲的團隊都是優秀的科學家，他們把這隻蛾黏在日誌上，記錄下這項不尋常的發現。他們加上說明：「發現第一例真正的電腦bug。」bug原來是指小蟲子。

由於葛麗絲的幽默，從此電腦中的錯誤就被稱為「bug」。

發現第一例
真正的
bug。

早期的電腦讀不懂英文字母或單字，只會讀一行行充滿1和0的程式。葛麗絲在使用一部叫做「通用自動計算機一號」（UNIVAC I）的新電腦工作時，想出能讓程式設計變得更容易的方法，因為並不是每個人都像她一樣，可以自在的用數字思考。葛麗絲希望任何人都能使用電腦，而不是只有科學家和工程師才可以。

葛麗絲瞄了牆上的時鐘一眼，那個被她改造成逆時針運轉的時鐘，提醒她要有想像力。不按常理思考，通常是解決問題的關鍵。

人們其實討厭改變，並且很愛說「我們一直都是這麼做」，但我想要反抗這一點。

為了讓大腦有機會想出新點子，葛麗絲暫停設計程式，休息一下。她隨手塗鴉，畫了小精靈、龍，還有其他神奇生物的漫畫。

她一邊畫，一邊問自己：為什麼人類必須學習電腦的語言？為什麼電腦不可以學習人類的語言？

其實，電腦可以呀！

後來葛麗絲發明了一個程式，讓大家可以使用英文告訴電腦該做什麼事。這個程式叫做「FLOW-MATIC」，內含一些簡單的英文命令例如「MULTIPLY」（意思是請電腦進行乘法運算）。「FLOW-MATIC」程式會把MULTIPLY和其他命令，轉譯成電腦能夠了解的指示。

讓人們用英文寫程式

這是共識

比起用一堆1和0來寫程式，這樣容易多了。葛麗絲的程式幫了大忙，她和同事編寫程式時，能夠更快、出錯率也更少。

葛麗絲六十歲時，海軍強迫她退休。他們說她年紀太大，不能服役。

幾個月後，海軍發現做了錯誤的決定，請她回來支援六個月的短期任務。這項短期任務，後來延長將近二十年。

最後，葛麗絲當到海軍准將才退伍。這是她第二次從軍中退休，當時的她快要八十歲了。

電腦程式碼女王——葛麗絲·霍普，把生命中將近五十五年的時光，貢獻於解決電腦問題。

怪不得大家稱她也是

7
Display
1010
不可思議的葛麗絲！
Else
If

葛麗絲生平大事紀

1906年12月9日 出生於美國紐約市。

1914年－1918年 第一次世界大戰。

1917年 美國參與第一次世界大戰。

1928年 以優秀的成績從瓦薩學院畢業，取得數學與物理學的學士學位。獲選加入斐貝他卡帕榮譽學會（Phi Beta Kappa Society）。

1929年－1939年 經濟大蕭條。這段時期發生大規模經濟衰退，美國有數百萬人失業，許多人面臨吃不飽的困境。

1930年 從耶魯大學取得碩士學位。與文森．佛斯特．霍普（Vincent Foster Hopper）結婚。

1934年 從耶魯大學取得博士學位。獲選加入西格瑪賽科學研究榮譽學會（Sigma Xi, The Scientific Research Honor Society）。

1931年－1943年 在瓦薩學院教數學。

1938年 電腦楚澤一號（Zuse I）在德國建造出來（那是第一座功能性通用數位電腦）。

1939年－1945年 第二次世界大戰。

1941年12月 日本轟炸美國夏威夷的珍珠港空軍基地後，美國加入第二次世界大戰。

1943年12月 宣誓加入美國海軍後備軍團女兵分部的緊急服務志願婦女隊（Women Accepted for Volunteer Emergency Service）。

1944年 電腦馬克一號（Mark I）在美國建造出來（那是美國第一座功能性大型通用數位電腦）。

1944年－1949年 在位於哈佛大學的艦艇計算計畫局工作。

1947年 造出電腦馬克二號（Mark II）。

1949年－1971年 在埃克特－莫克利電腦公司（Eckert-Mauchly Computer Corporation）工作，埃克特－莫克利後來變成史培瑞蘭德公司（Sperry Rand）。

1951年 電腦通用自動計算機一號（UNIVAC I）在美國建造出來。

1953年 最早提出使用英文寫程式的想法。

1955年－1959年 發展出在通用自動計算機一號上使用的FLOW-MATIC程式。

1959年 根據FLOW-MATIC，協助制訂COBOL（COmmon Business-Oriented Language的縮寫，是一種商用程式語言）的規格。

1966年 由於到了退休年紀，被迫從海軍退伍。

1967年 海軍又再度召她入伍，擔任現役軍人。

1967年－1977年 擔任海軍程式語言小組的主管。

1969年 先進研究計畫署網路（ARPANET）送出第一則訊息。先進研究計畫署網路也稱為阿帕網，是網際網路（Internet）的前身。

1975年 被視為第一部個人電腦的Altair 8800推出給消費者。

1977年－1986年 擔任海軍數據自動化指揮部的特業參謀。

1983年 晉升為准將。

1986年 第二次從海軍退伍，當時79歲。

1986年－1991年 在迪吉多電腦公司（Digital Equipment Corporation）工作。

1991年 全球資訊網（World Wide Web）向大眾公開。

1992年1月1日 逝世，幾日後以隆重軍禮安葬於阿靈頓國家公墓。

2016年10月21日 美國海軍學院為建造新的網路安全研究大樓舉行破土典禮，落成後將以葛麗絲·霍普的名字命名。

2016年11月22日 獲頒總統自由勳章，是美國頒給平民的最高榮譽。

參考書目

Beyer, Kurt W. *Grace Hopper and the Invention of the Information Age.* Cambridge, MA: MIT Press, 2009.

Billings, Charlene W. Grace Hopper: *Navy Admiral and Computer Pioneer.* Hillsdale, NJ: Enslow Publishers, 1989.

Schneider, Carl and Dorothy Schneider. *Grace Hopper: Working to Create the Future.* New York: Sofwest Press. 1998.

Whitelaw, Nancy. *Grace Hopper: Programming Pioneer.* New York: WH Freeman and Co, 1995.

Williams, Kathleen Boone. *Grace Hopper: Admiral of the Cyber Sea.* Annapolis, MD: Naval Institute Press, 2001.

葛麗絲的榮譽紀錄

葛麗絲．霍普一生獲得許多榮譽，包括幾項美國的最高獎章，可以說是實至名歸。其中有國家科技獎章，以及國防傑出服役獎章。葛麗絲甚至是獲得電腦科學「年度風雲人物」稱號的第一人！

直到今天，美國海軍仍持續推許葛麗絲對國家的奉獻服務。他們把一艘導引飛彈驅逐艦命名為「霍普號」，不過士兵喜歡叫它「不可思議的葛麗絲」。海軍有一座「霍普中心」，裡面的工作人員專門提供重要的資訊給海軍情報局。美國海軍學院為了紀念葛麗絲的海軍生涯，計畫把他們的新網路大樓命名為「霍普館」。

科技界公認葛麗絲對於電腦科學有重大貢獻。耶魯大學設立新的教職，命名為「葛麗絲．霍普電腦科學講座教授」。計算機協會每年選出一位做出重要科技貢獻的年輕電腦專業人員，頒發「葛麗絲．霍普獎」。每一年，有超過一萬人參與全世界最盛大的科技女性會議「葛麗絲．霍普電腦領域女性慶典大會」。

要是葛麗絲知道，有一則Google塗鴉是為了慶祝她的107歲生日而創作的，還加上那隻著名的「電腦bug」，應該會特別高興！